修道院の風

原　造

女子パウロ会

もくじ

［もくじ］

美しいもの

一期一会

今となったら昔話になってしまうのだろうか。時間的に考えたらたしかに遥《はる》か遠くなってしまったことではある。しかしわたしの中では今もあざやかな記憶として、奉献生活に生きる原点になっていると思っている。

カルメル会への入会が決まり期待と不安が交差するなかで、いよいよ宇治での修道生活に入って数か月のころ、ここでは京都の祇園祭に行くことが恒例になっているらしく、その年も志願者と修練者が修練長にひきつれられ見学に行った。久々の外の空気が快かったかどうかは覚えていない。初めての祇園祭はテレビなどで見たとおり優美でありながら力強くまた荘厳さもあった。ただ祭りのあまりの喧騒《けんそう》にとまどい、少し疲れたわたしはあらかじめ決められた三条大橋の集合場所に早めに戻り、約束の時間までそこで待つことにした。祭りの人混みから離れた橋の上は人通りも少なく、川の流れが聞こえるほど静かな空間となっていた。

ほっとしながらその橋の欄干に疲れたからだをあずけ、下に流れる川からの風を気持ちよく受けていると、唐突に「昔の鴨川は水量も多く、もっと水も澄んでいてたくさん鮎が釣れたものです」と、かすかな声が聞こえた。その声の方に目を向けると、いつからそこにいたのか、少し離れた隣に老人が一人わたしと同じように川の流れに目をやっていた。わたしに向けての言葉なのかそれとも独り言なのか、一瞬躊躇《ちゅうちょ》したものの、「今もきれいに見えますけど昔はもっときれいだったのですか」と、わたしは彼の言葉に応えてみた。これを皮切りに、なんとなく会話が始まった。

彼の話からわかったことは、今は若狭に住んでいるが、三十年ほど前までは京都に暮らし、季節になると、よくこの川で鮎釣りをしたそうである。今回、何年ぶりかで京都に来たのは、もう年をとり、一人で自由に来られなくなってしまいそうなので、祇園祭の季節を選び思いきって出てきたとのこと。この橋のすぐそばに宿をとっており、少し休んでから若狭に帰るという。ひょっとしたら病気ではないかと心配になるほどその人は痩せていて頬もこけている。そのせいかかなり高齢に見える。頭は坊主刈り。しかしキリッとした顔立ちを紺のスーツが引き立てている。僧職にある人かな、と思ったけれどあえて確かめなかった。わたしのことを聞かれた。初対面ではあるけれど、最近修道生活を始めたことを話すと会話が弾み、宗教や修行のことにまで話は及んだ。最後にわたしは一つの質問をしてみた。「祈りとはなんでしょう。」彼は少し考え、そして穏やかな声で答えた。「腰を据えて座ることです。」

「腰を据えて座ることです」……あれから何年たったのだろうか。今もことあるごとに思い出す。何度この言葉に力づけられたことだろう。この言葉を聞いたとき、わたしのからだに電流が走ったことを今も思い出す。あのころ〝祈り〟は〝祈り〟と考えていたわたしは、「腰を据えて座る」とは単に祈りの時間に腰を据えることだと捉えていた。未熟なわたしと未消化だったこの言葉も修道生活を続け学び体験するなかから、与えられた人生やささやかな日常生活を、そしてこの一瞬一瞬を、自分との戦いではあるが、己を追求しつつ誠実に捧《ささ》げ生きること。その生き方の姿勢こそが祈りであり「腰を据える」ことではないかと考えられるようになった（当然わたしはまだその域に達していない）。

しかし何度も思い巡らしているうちに本当はそれ以上に深い意味があるようにも感じられる。それは、あの話を交わしたとき、彼はわたしが新しく歩む道に対してのとまどいや不安を言葉の端々から読み取ったのではないだろうか、そして「覚悟を決める」ことを暗に促してくれるための言葉として「腰を据えて座る」と言ってくださったのではないかということだ。その思いに至ったとき、あの時とは違う電流が再びわたしのからだを走る。

〝ひとの一生〟というものが長いのか短いのか、わたしにはわからない。これまでのわたしにも、出会いによって生まれた多くの大切な人がいる。しかしそのほとんどが長い時間をかけて育まれながら織りなされてきたものであり、それが人とのつながりを豊かにしてゆくのだと思う。しかし、この、名も知らぬ若狭の人のように、人生のなかのたった一回、それも数十分の出会いからさえも、忘れられない珠玉の出会いがあるのだ。

もう、決して会えないであろう大切な人。一期一会の言葉がわたしに生まれる。

「人生は美しいことだけを覚えていればいい」

胸にすがりつき嗚咽《おえつ》する青年の背中を優しく撫《な》でながら、彼女は言った。「泣いてはいけない、人生は美しいことだけを覚えていればいい。」

占領下におかれた戦後の混乱期、「混血」と呼ばれる子どもたちがひっそりと生まれた。不幸なことにそのなかには捨てられる子どもたちも多かった。彼らのほとんどは祝福されることもなく、むしろ周りから偏見と好奇の目で見られていた。街に流れる川には生まれたばかりの彼らのなきがらを見ることもあったほどだ。そんな不遇な子どもたちの存在に気づかされた一人の女性がいた。

ある日、彼女の乗る列車の中で一人の混血の嬰児《みどりご》の死体が発見され、たまたまそこに居合わせた彼女がその子どもの母親と間違われた。あわや逮捕、となる寸前にその誤解は解かれたのだが、そのとき、彼女の耳に静かな声が聞こえた。「もしおまえが、たとえいっときでもこの子の母とされたのなら、なぜ、日本国中の、こうした子どもたちのために、その母になってやれないのか……。」このささやく声は、およそ十五年前から彼女の心のなかでひそかに燃え続けていた願いを思い起こさせるには十分であった。それは彼女に決定的な人生の転機が訪れた瞬間でもあった。これまで何不自由なく自由奔放に生きてきた彼女はこれを啓示と受けとめ、自分のすべてを混血の孤児の救済のために捧《ささ》げる決意をし、立ち上がった。「時」が来たのである。

澤田美喜。三菱財閥の創始者、岩崎弥太郎の孫娘として生まれ、のちに外交官・澤田廉三と結婚し、少女のころから求めていたクリスチャン(聖公会)となった人である。

結婚後の昭和六年、彼女は夫のロンドンへの赴任に同行したある日、友人の案内でひとつの孤児院を訪れた。その際、院長の「いらないと言われる子どもを、みんなが引っぱりだこにするような、有用な人間に仕上げるのはすばらしい魔法です」という言葉に感銘を受けた。その後、この施設でボランティアを続けながら、いつかこのような仕事に自分の余生を捧《ささ》げようと決心したものの、その「時」がいつなのかは見当もつかなかった。この小さな決心は彼女の心の奥に記憶として残っていたのだが実現するには長い時間が必要であった。しかし着実にその道へと導かれていくのである。その心にくすぶり続けていたかすかな火は長い年月を経て戦後、混血孤児との出会いによって再び強く燃え上がったのだ。

性格のまっすぐな彼女は紆余曲折を経ながらも孤児のために「エリザベス・サンダース・ホーム」を設立したが、その時代は彼女に冷たかった。敵国の血が流れる子どもを育てるという理由で世間から誹謗《ひぼう》中傷を受け、そのうえ進駐軍や日本政府からも疎ましく思われ、施設の運営は破たん寸前に陥る。しかし彼女は持前の度胸と押しの強さを発揮した。

責任の一端はアメリカにあるという信念が彼女を何度もアメリカに向かわせた。彼女は精力的に各地で講演会を開き、寄付を募った。また無謀にも、直談判のために進駐軍オフィスへ単身乗り込み、担当官を激怒させ灰皿を投げられそうになるほど執拗に訴え続けた。やがて私利私欲のない彼女の情熱が少しずつ伝わり、彼らも心を動かされるようになるのである。

戦後の不安定な社会で、将来のことはもちろん、それ以上に今、目の前の不安を抱える市井の人びとは自分のことで精一杯な時代である。彼ら孤児に目を向ける人は少なかったに違いない。それでも彼女の志に共鳴した多くの協力者がいたことは救いであった。しかし、ホームでの生活では多くの苦難や忍耐を強いられ続け、そのなかで神なしには生きられず、夜通し祈ることも少なくなかった。

「この仕事をやり遂げられる最後の日まで、どうか神さま、ともにいらしてください……。」祈りに支えられたこの生き方こそが、いくつもの「美しさ」を体験させるのである。

冒頭の「……人生は美しいことだけを覚えていればいい」との言葉は、ホームで育ち立派な青年に成長した若者が、夢に描いていた父親との対面を果たすためにアメリカに渡ったものの、それを果たせず消沈する姿を日本のテレビ局が取材したときに発せられる。公園の木陰でインタビューを受ける彼の前に忽然《こつぜん》と現れた彼女を見つけた彼は、思わずその胸に飛び込んだ。そのときに彼女が彼に語りかけた言葉である。彼は、信じていた希望を砕かれ、やり場のない無力感、挫折感、そして過去の言い表せない数々の想いが駆け巡るなかで、自分の不幸を唯一理解してもらえる人を前にして、その胸に飛び込んだのであろう。そんな彼の胸中を瞬時に読み取った彼女に深い母性を見ることができる。

「人生は美しいことだけを覚えていればいい」……耳触りがよく、心を打つ言葉であるが、だれでもが口にできる言葉ではない。テレビを見るわたしはそう感じた。美しいこの言葉は彼らが背負った境遇と、それを理解し、寄り添う彼女自身にも向けられた言葉なのかもしれない。いわば、ホームでの時代を共有した共通の体験と強い絆からしか生まれない重い言葉なのだ。先に、「だれでもが口にできる言葉ではない」とわたしが感じたのはその意味である。

とかく、わたしたちは恵みをいただいていることは見えず、また感じることを怠る。だから感謝の念も忘れる。当たり前、と思ってしまうからだ。反対に不快なこと、不条理なことなど、不満や重荷に感じる負の要因は感情に深く残る。表面的なことしか見ないからである。しかしそれらのことは自分を浄化させ、また成熟させる意味において不可欠であり、その奥に隠された神の呼びかけに心を向け、その意味の何たるかを真摯に祈り求めることが大切なのではないだろうか。祈りに生きていた彼女は自分の経験からそれを学んだのだと思う。

不満を言えばきりがない。それより、今こうして生きていること、子どもたちの賜物を生かした人間に育て、神から愛され守られていることを伝えること、これらを成し遂げた彼女の半生を知るほどに、そこには摂理的な出来事が散りばめられた宝石のように輝いているのが見える。苦難のときや試練の深い闇のうちにこそ、神の手が必ずさしだされることを彼女はこの壮絶な人生の歴史の中で学び、そして実感していたのであろう。「美しさ」とは神そのものに他ならないからである。

一般的には過去を振り返るとき、「楽しかったことだけを覚えていればいい」と言いそうだが、そうではなく「美しいことだけを……」との言葉が湧き出るのは彼女がたどった深い信仰に裏打ちされた生き方からくる賜物以外には考えられない。だからわたしは、選ばれた者の高貴ささえ彼女に感じる。

なぜなら、楽しかったこととは、しょせん一過性のものであり、消えて無くなるものなのだ。それに対して美しさとは、生きとし生けるものすべてにおいて、神の計画、言い換えれば、神の美しさを内包した永遠なものである。美しい心をもつ彼女は自分の人生のその時々に美しさの源である神と出会い、神はまたいっときも休むことなく彼女とともに歩んでおられたと、わたしは信じて疑わない。

日本人の美意識

――不適切ではあるが違法ではない――

今年の流行語大賞にノミネートされそうなフレーズで世間の耳目を集め、一億総評論家と化した前東京都知事騒動は、後味の悪い退任の仕方で一件落着したが、あの騒ぎは何だったのだろうか。わたしのなかで釈然としない部分がいまだに残っている。それは都知事を辞めたことではなく、その過程に対してだ。過ちを悪とみなし徹頭徹尾糾弾し排除する風潮はいったいどこから来て、何がそうさせているのだろう。あらゆる角度からのバッシングの嵐は、杞憂《きゆう》であってほしいが一歩間違えばわたしたちの身の回りでも起こりうる恐怖感をもたせ、うかつな言動を発することは今や許されない世間の空気を感じている。

そんなある日、銀行の順番待ちをしながら顧客用の雑誌をパラパラめくっていると一つのコラムに目が留まった。題して「都知事の誤算」（藤原正彦「管見妄語」週刊新潮二〇一六年六月三十日号）。急いでメモ用紙に走り書きしたので多少の齟齬《そご》があるかもしれないが綴ってみよう。

「公用車での毎週の別荘通い、海外出張での最高級ホテルのスイートルーム宿泊などまでは許せる。わたしだって都知事になれば調子に乗ってそれくらいはしそうだ」と彼らしいジョークで始まる。そして「正月の温泉家族旅行や公費による多数の絵画購入についてはだれが見てもおかしいが法律的にはシロだ」、また、「嘘《うそ》をつくこと自体も法律的にシロである。したがって彼は辞任をすこぶる不満に思っているはずだ。恐らく多くの知事や政治家もしているのになぜおれだけが、と思っているに違いない。東大法学部でも特別優秀だった彼は法律を熟知しており、この問題が初めからセーフと確信していて、記者団の質問に噛《か》んで含めるように説明をし、第三者の厳正な目で判断してもらったのだ」と。

知ってのとおり、不法ではないことが明白になり、この問題も沈静化すると思いきや、かえって国民こぞっての怒りは治まるどころかますます激しくなった。人びとの失望が憎悪に変わった瞬間であったのかもしれない。

なおも藤原氏は「法律の世界に育った都知事は日本人の善悪が、合法か不法かではなく美醜、すなわちきれいか汚いかで決まることを知らなかったからだ」と分析しているが、なるほど慧眼《けいがん》である。「嘘をつく、強欲、ずる賢い、卑怯《ひきょう》、信頼を裏切る、利己的、無慈悲、さもしい、あさましい、ふてぶてしい、あつかましい、えげつない、せこい……は汚く、逆に、公のために尽くし、正直、誠実、勇気、献身、忍耐強い、勤勉、弱者への思いやり、いさぎよい……は美しい。」

そして、このように日本人が善悪の判断を美醜で決めていることを理解していない例として、最近の横綱白鵬の相撲ぶりを挙げている。「近年の彼は、立合いで左から相手の顔を張り、顔が傾いたところを右肘でかち上げる、という技を多用する。この荒技により、今年になってからだけでも、栃煌山《とちおうざん》、豪栄道《ごうえいどう》、勢《いきおい》などが立つと同時に意識を失い敗れた。しかしこれは規則で認められた技だから観客からブーイングを受けても彼は腑《ふ》に落ちないのだろう。」このケースも都知事同様、「美しくないからだ」と言い、「この美意識は宣教師フランシスコ・ザビエルや、明治初年に来日した米国人モースも瞠目《どうもく》し、日本人はすでに道徳と品性を身につけていたことに感嘆している」とある。コラムは二人（都知事・白鵬）の事例を語ったうえで、「不法なことをしていない都知事を国民の美醜感覚が辞任に追い込んだ今回の事件は、日本文化の真髄の表れで、世界への良いメッセージだった」と締めくくっている。

わたしが釈然としなかったこととは、まさに藤原氏の感性が見抜いたように、日本人の善悪の判断の基準が、美醜にあるとの指摘で雲散霧消《うんさんむしょう》した。考えてみれば、ごく普通の生活においても法律的に正しいか否かを見きわめながら生きてはいない。むしろ自分の言葉や行動がいかに人を傷つけず、不快な思いにさせないよう心がけているか否かではないかと思うが、これも美意識ゆえに、であろう。

それに連なり、都知事に向けられた非難の数々は、有権者たちがきわめて現実的である都政を、その美意識をもって励んでほしいという無意識な期待感が見事に破られ、その裏返しであったからだと言えるのではないだろうか。法に触れていないと信じていても、優秀と言われている彼が素早く世相を読みとり、早い段階でいさぎよく謝罪していたならば、〝水に流す〟という、これまた日本人の特質によって結果は少し違っていたかもしれない。

明治維新の元勲であり政治家、また西郷隆盛、木戸孝允と並んで維新の三傑とも呼ばれた大久保利通はこう言っている。

「政《まつりごと》を行うには心も態度も清く明るくなければならない」と。

背中は語る

外からの旅行者が、東京の下町を自転車で巡りながらその印象を伝える動画がインターネットにアップされていた。彼がいちばん驚き、感心していたのは、狭い路地に連なる家々の小さな窓や軒先にまで花が飾られていること、そして何より道路や細い路地にいたるまでゴミらしいものはなく清潔に保たれていることだった。そのとき彼は「これを見ると心が洗われとても汚す気にはなれない。これが日本（人）の底力か」とまで言っていた。

民俗学者の宮本常一がひとりの石垣積み工の仕事についてこんな話を伝えている。

その工人は、田舎を歩いていてしばしば見事な石の積み方に心打たれたという。「後から来た者が他の家の石垣をつくるとき、やっぱり粗末なことはできないのである。前に仕事に来た者がザツな仕事をしておくと、こちらもついザツな仕事をする。」

だから、将来、同じ職工の眼にふれたときに恥ずかしくないような仕事をしておきたいというのである。職人のこだわりは実に未来の職人に宛てられていたのである。「だれに命令されるのでもなく、自らが自らに命令することのできる尊さを、この人たちは自分の仕事をとおして学びとっているようである。」（京都新聞・鷲田清一）

この二つのことから感じるのは、行いのすべては背中に現れるということである。そこでもう一つ、背中は語ることを紹介したい。先日、ある信者さんと会い、会話が弾むなかで彼は興味深いことを言った。

かつて女子カルメル会を訪問したことがあるが、その修道院の建物自体は決して新しいとはいえず、むしろ古いたたずまいであった。案内されて中に入ってみると、板張りの床はもちろん、隅々まで掃除がゆきわたり、ピカピカに磨かれていること、そして人の気配を感じさせない静寂さに驚き、思わず身を正す思いが湧いてきた。今まで知らなかった「空気」を肌で感じ、その中で静かに祈っていたらいつもとは違って不思議なほど潜心できた。その体験をとおし、彼女らがどんな生活をしているかわかったような気がしている、と。

それを聞いたとき、とっさに、身を正すのはこちらのほうではないかと感じてわたしは恥ずかしかった。自分を振り返ってみると、前出の職人たちのように、わたしは未来に続く人たちにいったい何を残すことができるのだろうか。わたしの生き方を見て、ザッに生きることを学んでいないだろうか。「忙しい」を口実に、できることさえもしないで、無駄に時間を過ごしているのではないだろうか。今のわたしの背中は何を語り、何を彼らに伝えているのだろうか。

「水は低きに流れる」、これは個人にもあらゆる集合体にも言えることだ。修道会の中でも、かつてあった習慣がいつのまにか消え去り、民主的に、と言えば聞こえはいいが、もっと言えば語弊があるかもしれないが世俗的になった部分もあると思う。

ほんの数十年前までの修道生活は苦行がよしとされ、今以上の清貧、長上への完全服従、抑制、忍耐、自己放棄、また、苦行用の鞭《むち》や、腕などをしめつけるための金属でできた道具なども見たことがある。それらは修道院の統一と秩序を保ち、そして内面を磨きながら自分自身が神への高みに到達するための手段であったのだろうが、そのときの彼らの背中と今のわたしたちの背中は大きく異なっているのではないだろうか。

もっともその生き方や精神と、苦行よりも他者への愛徳を重視する今の時代を安易に比較できないと思えるが、修道生活と、その精神の核心は捉えておかねばならないだろう。なぜなら、修道生活の起こりは、文字どおり、イエスの背中に惹《ひ》かれた者たちが快適な社会生活を捨て、イエスの渇きを体験するために、そしてイエスの足跡に自分の足跡を重ねるために死と隣り合わせの砂漠や荒れ野に自ら退くことから始まったのであって、これは今もこれからも変わることはない。

だから世の価値観を捨て、むしろそれらに対しての「逆らいのしるし」であることをも忘れてはならないと思う。だから日常的におこりえる負の要因と思われがちな病苦、人間関係、理不尽、嫌なこと、苦手なこと、汚い仕事もそれらから逃げるのではなく、イエスの手がかならずそこに触れてくださっていることを信じ、尊いこととして受け入れたい。

なぜなら与えられたものにはすべてに意味があるからだ。その意味を真摯に求めるとき、そこに神との本当の語らいが生まれるのではないだろうか。そのような生き方ができたとき、わたしの背中も少しは何かを語り始めるのではないかと期待しているのである。

装うということ

いつも静寂な修道院にいるせいか、たまに京都の町に出るとあまりの人の多さに足のすくむ思いがする。縁日の中にいるようだからだ。さすが観光都市である。そこでひときわ目につくのは和服姿の人が多いことだ、それも若者が大半を占め、青い目をした外国の人も堂に入った着こなし方で驚く。男子といえば着物に羽織、ただ足元はスニーカーで、アウト！　と叫びたくなるが、見方を変えれば、一点を崩す着こなし方、とよく解釈し、セーフとしよう。なにせ日本の文化を継承してくれているのだから。それより和服を着た女性は国籍を問わず歩き方がふだん見るのとは違っていることだ。なかには裾を大胆に翻し、大股で歩いている元気すぎるかわいい人もいるが、多くはしとやかに振る舞っているのが清々しい。

「装う」の意味を辞書で調べると、「身なりや外観を整える。美しく飾る」とあり、次に、「表面や外観を飾って他のものに見せかける。ふりをする」とマイナス的な意味が続く。しかしわたしはこのマイナス的意味こそセンスを磨く第一歩となる大切なことだと思う。

昔、近所の子どもたちがままごと遊びをしているのをそばで見ていて感心したことが思い出される。母親役の幼稚園児が、言葉遣いからしぐさまで、すっかり母親になりきっていたからだが、これこそ「ふり」をしていたのだ。女性になるための予行演習と思えなくもない。大胆に裾を翻していたかわいい人は予行演習が足りなかったのかもしれず、それなりにしとやかに振る舞っていた人たちはそれを完ぺきにこなしていたからかもしれない。

女性も男性も若いときは、まず自分をアピールするために奇をてらう格好も辞さない。目立つためには人とは違う格好を作りだしてまで装い恐れない。やみくもに流行の衣服を買いあさり、タンスの肥やしになってしまうことも考えられるが、大いに結構。その遍歴が大切なので、手痛い失敗を経て自分を知るようになるのだ。失敗なしに成功はなく、実行してみなければわからないことはいっぱいある。これは万事に通じることでもある。

装いの基本はまず冠婚葬祭で型やルールやマナーを学ぶことから始まる。そして次に自分の好む色、柄、デザインの選択が各自の個性を作りだす。こうしてみると装いを侮ることはできない。なぜならそれは自分の内面や生き方をも語るからだ。

いろいろな場所でお年寄りの洗練された品のよい装いを見かけると、適度な色合いと控えめなデザインが全体的にまとまっているように見え、その人の過ぎし日々、歴史などを想像してしまうがそれと同じであろう。洗練される道は遠く時間のかかることだとつくづく思う。品性が装いを作るのか、その逆なのかはわからないが大切なのは、らしさだと思っている。年寄りらしさ、若者らしさ、母親らしさ、おのおの職種によるらしさなど。自分が何者であるかその自覚がある無しで大きく違ってくるのではないかと思う。

今わたしはこの原稿を書いていて、装うとはまったく疲れるものだとつくづく思っている。そこで服装哲学といえる英知を発揮した実例を二つあげてみよう。彼らの装いの捉え方はわたしたちとは異にする種類のものだろうから安易に真似《まね》はできかねること、そしてそれができるのは生活環境と財力、自信のなせる業であることを前もって言っておきたい。

戦後、吉田茂首相のブレインとして活躍した白洲次郎には、かつてイギリス留学時代から交流が続いている親友の貴族がいるのだが、その親友は地味な同じスーツを一ダースあつらえるのが常だったという。新しい服を着ていると見られるのが嫌だからだそうだ。次郎の妻、正子は夫の親友と初対面のとき、彼が貴族らしからぬように見えたのも、その辺に理由があるようである。おしゃれに関して、本物ほど本物らしく振る舞わないことを若かったわたしは知らなかったと告白している。（『白洲正子自伝』新潮文庫）

また、一世を風靡《ふうび》し早世したアップル社創設者の一人、スティーブ・ジョブズの黒のタートルネックとジーンズが定番だったのはあまりにも有名だが、これにも秘話があった。

来日したときソニーの工場で社員全員が作業服（三宅一生デザイン）を着ていることを不思議に思い理由を尋ねると、会社と従業員をつなぐ絆であると聞き、さっそく自分の会社にも取り入れようとしたが、社員全員の猛反対で断念したという。しかし、もともと禅の精神に感銘し「シンプル」そして「削《そ》ぎ落とす」ことを求めていた彼は、自分のスタイルを統一しようと三宅一生に相談し、このスタイルが生まれたという。ちなみに彼も同じ黒のタートルを五十枚百枚と一括注文していたという。（ミヤケスタッフ　ブログ参考）

時代も世代も国も違う二人の価値観が同じ「シンプル」だったことは興味深い。どうもこれが装いの到達点ではないかとわたしは思う。

装いはその人の人生観、世界観、宗教観によって裏打ちされたものの現れであることは確かであると思えてきた。それを改めて言いなおすと、「装いはその人の思想の顕在化」と言えるのではないだろうか。

「朝」——ルオー展にて

急ぎ足で雑踏をくぐり抜けてきたわたしにとって、照明が適度に落とされているロビーは期待感で騒がしい心を鎮めるためにはありがたかった。会場に歩を進めると、重厚な色彩とモノクロームの世界が広がっているはずである。

「ジョルジュ・ルオー展」。会場は混雑していたにもかかわらず静寂であった。本物は初めて観《み》るのだが、期待を裏切らなかった。彼特有の何層にも厚く塗った油絵は独特の味と深みが醸しだされ、画集では得ることのできない色彩を放ち、いっそう絵の内容を際立たせて魅力的である。しかし、個人的には、黒く強い輪郭に縁どられた彼の版画を好む。コーナーの一つがその光と闇を如実に表している「ミゼレーレ」の作品群。そこに足を踏み入れると、彩色された世界から一変し、黒と白の世界が待っていた。その版画に見られる〝白〟はキリストの「光」であり〝黒〟は人間のもつ「闇」を表現していると言っていいと思うがどうだろうか。ちょっと緊張しながらゆっくりと足を運ぶ。装飾はいっさい省かれ、その作品のテーマが中央にでんと構える構図は観る人の心のうちを赤裸々に表しているようで、対峙《たいじ》しているわたしに挑んでいるかのようにも感じられた。

彼、ルオーが数多く描いた「道化師」「裁判官」「娼婦」など、これらには人間一人ひとりの奥底に秘められた根源的な問題が込められている。それは虚栄心や利己心、傲慢など、そして人生の置かれた境遇によって生まれる悲喜劇、またその裏に隠さ

れている悲しみや苦しみに傷ついた人びと、いわゆる、人間の存在に対する神秘に迫っているのではないか。言い換えれば、人間の深淵に潜む、悪と醜を含む本質が顕現化されているということである。できればこれらは払拭したい負の部分であろう。しかし洗礼を受けたキリスト者といえども、この負の部分は原罪の残り香をもつわたしたちにとって、キリストなしには切り捨てることのできるものではない。これらがこの作品のテーマであり、主旋律として流れているように感じるが、そうだとしたらルオーの感性と洞察力には驚くばかりである。

それにしても、彼のキリストはどうしてこうも悲しく描かれているのだろうか。ミゼレーレに関していえば、この作品は第一次世界大戦が勃発した時期に制作されたという。国益をもたらす、という大義で社会全体が戦うことに誇りさえもってしまう愚かな錯覚をルオーは憂い、戦争の悲惨さに対して湧き出る憤りから版を刻むための〝ノミ〟を持たずにいられなかったのだろう。キリストの悲しみはルオーの悲しみでもあったにちがいない。キリストはこの人間の悲しみや苦しみを生み出す「罪」を一身に背負い、十字架に自ら上られたのだ。ただただ人間を愛するがゆえに。

「愛することは、この世の中に自分の分身を一つもつことだ」と、作家、吉行淳之介は『驟雨』の中で言っている。

まさに、キリストは自分の分身で世界を満たしたかったのだ。それを芸術家の感性と深い信仰によって啓示されたルオーは、導かれるままに銅板に向かったのだと思う。

そんなとりとめのないことを考えながら、一つひとつの作品を観ているわたしは、気がついてみればへとへとに疲れてしまっていた。大げさに言えば作品から受ける衝撃に「はたして救いはあるのだろうか」との思いに、打ちひしがれてしまったのだ。

重くなってしまった足を引きずりながら進みゆくと、コーナーの最後に「朝」と名づけられた作品がぽつんとあった。最初この作品からは、これといった呼びかけは感じられなかった。なにせ疲れ果て、集中力も許容量も少なくなってしまっているわたしは、光と闇の世界から受けた人間の堕落や傲慢さを自分に置き換えてしまったことから解放され、一息つきたかったのである。だから、この「朝」の前では何も考えずにいたかったのだ。しかし、ぼんやり観ているうちにふとこんな問いかけが浮かんできた。「『朝』ってなんだろう。」

人生のすべてをキリストに従って生きたい。そう思いながら、わたしは日々過ごしている。が、うまくいったためしがない。パウロは言う。「自分が望むことは実行せず、かえって憎んでいることをするからです。」（ロマ7・15）至言だと思う。パウロもそうなのだから、わたしがそうなのは無理もない。と甘えてしまうが、それでいいはずがないことを、修道者であるわたしは重々承知しているつもりだ。弱いわたしを恨めしく思いながら改めて自分を省みると、常に後悔の夜を迎えて一日を終え、その後悔を引きずる朝を迎える。この繰り返しであることに気づく。そんなことを思い巡らしていると、「赦《ゆる》し」という言葉が浮かんできた。……そうだ、こんなわたしでもキリストは赦してくださっているのだ。日々迎える朝はそのためにある。

ルオーの作品から流れる人間の「闇」を浄化するために、神は、朝というものを与えてくださったのではないかと思う。きのうの闇を引きずることをやめたきょうは、きのうとはまったく違う新しい「光」の朝。自分の人生のいちばん新しい時間である無垢《むく》の朝。やり直すことができる希望の朝。「きのうに死んで、きょうを生きる」という意味がやっとわかった。常に前向きに考えよう。慈しみ深く忍耐強い神は、わたしたちに巡りゆく朝をくださっているのだから。

人生のすべてをキリストに生きると思うと難しい。でもこの一時間を、そしてこの一日を、と、観点を変えることによって少しずつ積み上げていくことはできるかもしれない。後悔は希望に変えられるのだ。すでに赦されてあるきのうの自分を自分もまた赦し、新しく生きる自分を応援しようと思う。いつのまにか、打ちひしがれていたはずのわたしは、救いを信じ、希望と解放を味わう自分へと変えられていた。重かった足も少し軽くなったような気がする。

結び目を解くマリア

元来あわて者のわたしはたびたびジャージの紐《ひも》を絡ませそれを解くのに四苦八苦してしまう。とくに朝の忙しいときに限ってそれをやらかしてしまい、かんしゃくを起こし引きちぎってしまったことさえあった。落ち着いて結び目をよく見れば、おのずとほどける道筋がわかるのだが……。

と思っていたら、つい先ごろ昔から親しくしていただいている教区の神父から手紙が届き、その中に美しいマリアさまの絵葉書が同封されていた。初めて見るもので、添え書きに「〝結び目を解く聖母マリア〟をご存じでしょうか。教皇フランシスコの

映画『ローマ法王になる日まで』に出てきます」と記されていたのには、あまりにもタイムリーすぎて笑ってしまった。不勉強なわたしはこのマリアさまのことをまったく知らなかったので。

この分野に精通している友人にさっそく聞いてみたら、いとも簡単に「知っている」と答え、メールで教えてくれた。それによると、「アルゼンチンのベルゴリオ神父がドイツの神学校にいるときに、この絵を初めて見て心打たれ、ご絵を作って母国アルゼンチンに戻り、配り始めたそうです。さらに友人に描いてもらったこの絵を、当時働いていたブエノスアイレスのチャペルに掲げると、多くの人の目に留まり広がっていきました。アルゼンチンでこの信心を広めたベルゴリオ神父こそ、現教皇フランシスコなのです」と、あった。

ジャージの紐のもつれにとどまっている分には他愛もないことであるが、これが人間関係に生じた場合、事は簡単でなく切実かつ深刻だ。職場や家庭、ありとあらゆる人の集まるところでは、どんなに気を遣いながら接していても、悲しいことにそこに誤解や齟齬《そご》が生まれ、それがささいなものであってもお互いが気まずい思いをしてしまう。それは信頼し合っている仲でさえありうるだろう。単に絡んだ紐の道筋が見えるのとは違い、この道筋は複雑なのだ。そんなときは心から祈りたくなる。神父からの手紙にも、また友人からもらったご絵の裏にも祈りの言葉が記されていたが、簡潔な祈りのほうを紹介したい。

結び目を解くマリアへの祈り

助けを求める子どもたちを見捨てられない母マリア、
限りなく愛する子どもたちの願いを聞いてくださる方。
神の愛と憐れみに満ちたまなざしを向けてくださる方。
わたしの人生に絡み合った結び目をご覧ください。

あなたはわたしの苦しみと失望を知っておられます。
この結び目がわたしを締め付けています。
悪魔さえも憐れみ深いあなたの御《おん》助けのもとから
わたしを取り去ることはできません。
あなたのみ手で解けない結び目はありません。
おとめマリアよ、
恵みと力をもって、あなたの子、救い主イエスのもとに
この結び目を受け入れてください。
神の栄光のために、あなたにお願いいたします。
この結び目を解いてください。
あなたは御父がわたしに与えてくださった唯一の慰め、
わたしが弱っているときの砦《とりで》、
貧しいときに豊かさを与えてくださる方。

キリストといることを妨げるすべてのものから解放し、
わたしの願いを聞き入れてください。
わたしを守り、導き、よりどころとなってください。
結び目を解いてくださる方マリア、
わたしたちのためにお祈りください。アーメン。

肉体をまとっているかぎり自我は消せず、どうしても自分の視点から物事を見る習性が、いよいよ視野を狭くしている。その結果が固く絡み合う結び目となってしまうのだろう。この結び目は一人では解けない。関わった人たち、家族全員、ともに机を並べている人たちが思いやりの心で相手の言葉に耳を傾け合ったとき、その結び目はゆるめられ解かれてゆくのではないだろうか。しかし、願わくは、この祈りを必要としない日々を歩めるよう、謙遜と寛容さを深められたらと、切に思う。

祈りの泉

祈りについて

人はこの世に生を受けたとき、すでに祈りの泉をもっている。と、そうわたしは信じている。ただそれは「自己」の本性の奥深い領域に在るので、なかなか気がつかない。そしてそれに気がつくのをじっと待っているお方がおられる。

わたしたちは裸で生まれ最初に産着を身にまとう。成長とともに着るものは重なり増えてゆく。同じように真の自分も社会の荒波の中で衣服でない他のものをまとい続け、がんじがらめになっているのを自覚できないでいる。そうさせているものとは、人生において通らなければならない道ではあるが、学歴、職業、社会的地位、序列、肩書き、その他もろもろ。これらの上に作り上げられた自分がいつのまにか、真の自分だと思いこみ、裸の自分を見えなくさせている。それが社会の中で生きるということだ。

これらの重圧に耐えられなかったとき、とくに若者は「自分探しの旅」に救いを求めるが、それはあたかも青い鳥を探すようなもので、そんな場所は世界のどこへ行っても見つかるはずもなく、挫折という形で終わるのが常であろう。しかしこの挫折が真の自分に出会うきっかけとなるのだ。青い鳥の結末のように。

それよりも、じっと自分の内のささやく声を聴き続けることで、隠れているお方と出会い、泉へと導かれるのだが、最初はたぶん虚《むな》しさなどを体験するのではないかと思う。

どこにお隠れになったのですか?
愛する方よ、わたしをとり残して、嘆くにまかせて……
わたしを傷つけておいて、鹿のように、

あなたは逃げてしまわれました。

叫びながらわたしはあなたを追って出てゆきました。

でも、あなたは、もういらっしゃらなかった。

これは十字架の聖ヨハネの詩（『霊の賛歌』第一の歌）だが、わたしたちの暗闇を代弁しているように思う。それは失望するものではなく光へと通じている。そしてこの光への道はわたしたちでいえば「念祷」という祈りであろう。これはアヴィラの聖テレジアのもっとも大切にしていたもので、かいつまんで言えば、「わたしを愛しているお方とわたしだけの友情の交わりをもつこと」（『自叙伝』）。この交わりにより、固い心が溶けてゆるまり、キリストの愛の充満へと変えられてゆく。

その充満とはわたしたちがまとい続けてきたものを一枚一枚はぎ取られ、その代わりにキリストを着ることに他ならない。わたしたちの生活、思い、言葉、行いすべてがキリストに向かいキリストに似たもの、キリストに同化することではないだろうか。

つまり、神は遠い存在ではなくわたしたちに寄り添いともに在る。その存在に常に向かっていることが、わたしの霊魂と神との交流（対話）なのだ。

どうもわたしは難しく感じるようなことを言いすぎたかもしれない。が、それはわたしが修道者であること、生涯修行の身であるからであって、祈りの一つにこういう形もあることを知ってもらいたいと思ったにすぎない。心配なのはこれを読んだ人たちが、祈りは、とっつきにくいものだと思ってしまうことだ。しかしそんなことはなく、先に言ったようにだれもが祈りの泉をもっているのだ。ただその泉にたどり着くために、まず続けて座ってほしいと願っている。毎日数分、落ち着ける場所を見つけ、ただ座るだけだ。イエスは祈るために一人で山に登られた（マタイ14・23）とあるように、わたしたちもそれに倣いたい。あとは聖霊が導いてくださるから。

祈りには自分のための内なる祈り、そして他者のための外への祈りと大ざっぱに分けられるだろう。よく見られる光景で、知人に会うと話の後に「祈ってね」「わかった、祈るね」と、挨拶がわりに頼み頼まれているが、これは大切なつながりや信頼関係を生み出し相手を思う心を育てているのではないかと思う。

わたしは一日のなかで空いた時間、聖堂へ行くのだが、時々祈っている人がいる。そんなときは、彼（彼女）から離れたところに座り、彼（彼女）と心を一つにしてくださいと祈ることにしている。また修道士という立場からか、祈りを頼まれるが、喜んで引き受けたいと思っている。その理由は人のために祈ることは人間的行為のなかで美しさを感じるからであり、また以下に挙げる聖書との出会いがあったからだ。その時から、ともに祈ることを自分の中で大切にしてきている。それはだれでもが馴染《なじ》んでいる箇所だ。

四人の男が中風の人を運んで来た。

しかし、群衆に阻まれて、イエスのもとに連れて行くことができなかったので、イエスがおられる辺りの屋根をはがして穴をあけ、病人の寝ている床をつり降ろした。

イエスはその人たちの信仰を見て、中風の人に、「子よ、あなたの罪は赦される」と言われた。（マルコ2・3〜5）

この個所を黙想していると何かがわたしの心に触れたのだ。

イエスはこのとき、四人の男たちの常識では考えられない行為を非難するのではなく、逆に、病人の痛みを我が痛みとしている四人に生きた信仰を見て癒やしたのであって、肝心な病人の信仰にはいっさい触れていないのだ。これに気がついたときわたしの心は震えたのである。人のために祈り、行動する。その信仰がイエスを揺り動かすことにわたしは気づいたからだ。それこそがイエスの寛大な恵みをもたらす、と言うべきかもしれない。そう考えると祈りはその人の生き方に現れる、とも言い換えられるのではないだろうか。

洗礼と修道生活へのまねき

キリスト者はだれもが「わたしに従いなさい」というキリストのまねきにこたえるため、それぞれ固有のいのち（使命）を与えられてこの世に生まれていると思うのだが、それは何も大げさなことではなく、その人らしく生きること。言葉を換えれば、いただいた賜物（恵み）や能力を生かすことではないだろうか。ただ、大人になりながら自分に与えられている独自の道を的確に認識するのは思いのほか難しい。

とりわけ、イエスに呼ばれ、徹底的にイエスに従って生きる修道召命は、自分の中のその呼びかけに気づいていてもためらいをもってしまうのは致し方のないことだ。聖書に出てくる金持ちの青年（マタイ19・16～22）のように、自分が努力して手に入れたものをすべて無にすることは社会通念や常識からは考えられないだろう。
しかし、その現実への逆らいのしるしでもある修道生活は、捨てることによってすべてを得ること、幼きテレジアのいう「空の手」になったとき、豊かなものがその手のひらにあふれるほど与えられるのだ。

しかし人間は自由を与えられている。たぶんこれを読んでくださっている人の中にもイエスの呼びかけに気づかれている人がいるかと思うが、それにこたえるか否かはまったく自由なのだ。だが心の促しに聞き入り、祈り、そして勇気をもって司祭の指導の下、修道会の扉をたたいてほしい。真の自分と使命を自由の中で見つけられるはずだから。

洗礼も修道召命もわたしの人生計画にはなかった。高校入学と同時に大学への進学はきっぱりあきらめ、自分に合った職業に就くことに軌道修正し、社会に出た。社会では生きがいのある充実した毎日であったことは、それはそれで正解だったのだが、どこか不安と空虚さに包まれていたことも本当だ。ちょうど目的地がどこだと明確にわからずに、ただ、今立っている道を漠然と歩んでいるように感じていたからだ。それは生活ではなく人生に悩んでいたと言えるだろう。

その道が岐路に差しかかったとき、きっと、神に導かれたのだろう、心の感じるままに、人生計画には考えもしなかった洗礼に至ったのである。きっかけは数人の信者に誘われ聖歌隊の一員になったことだ。信者でもないわたしは最初、断るつもりで練習に参加したのだが、遅れて行ったためすでに練習が始まっていて、夜の闇の中に静かな歌声が流れていた。それは今まで聞いたことのない旋律だった。後々わかったのだが詩編をうたっていたのだ。祈りの歌である。闇の中でわたしはその歌声に立ち止まったまま聞き入っていた。

神はいろいろな手段で教会へ導いてくださる。詩編の調べ。それが受洗へと導くきっかけとしてわたしに与えられたのだった。

受洗ののち、今まで知らなかった世界がそこにあることに気がつくのは早かった。それは世の中から見たら、隠れた生活といえる修道生活に生きる人たちを間近に知ったからである。競争社会の中で生きてきたわたしには信じられない生き方だ。自分のためでなく神のため、そして人びとのために生きている人たちがこの世にいるなんて。彼らと接していると穢《けが》れた自分を認めざるを得ず、少しでも聖化されたい欲求が生まれ、時間の許す限り彼らの祈りに参加した。すると少しずつ内面に変化が生じてきたのだ。もし、わたしがもっと若く、もっと早くこの道を知っていたならば、ためらうことなくこの道を選んだろうと。しかしそれは非現実的であるのは当のわたしがいちばんよくわかってもいた。年齢的なこと、経営者として働いている人への責任や仕事の整理、また、それまで社会から受けた恩恵にも応えないまま、自分だけが理想にのみ生きることは早急にはできないことだった。

転機は個人黙想会にあった。それまでは黙想会に参加したことはなく、友人の誘いがあったので行ってみたのだが、指導司祭が勘違いして、わたしが修道生活を望んでいると思ったらしい。黙想のために与えられた聖書の箇所が、それを示していた。イエスのもとから悲しみながら去っていった金持ちの青年の箇所と、ペトロとアンデレへの召し出しの場面だったのだ。瓢箪《ひょうたん》から駒。まさにこれをきっかけとしてわたしは真剣に自分の召命について祈り、悩み考えた。

振り返ってみると、神はいたるところでみ顔を覗《のぞ》かせる。それは人との出会い、出来事などをとおしてだが、これは何も修道召命に限ることではない。一見、修道生活は大変なことのように見える。確かにそうである。そうではあるが、修道生活はどんな困難にあっても、イエスに呼ばれた集合体でありいわば価値観を同じくしているので最終的には理解しあえる。その中で生きるのはさほど辛いと思っていない。むしろ社会の中でキリスト者として生きなければならない人たちのほうが、どれほど多難なことかとわたしは思う。ましてやキリスト教国でもないのだからなおさらである。その中で、社会に貢献し、家族のために身を粉にしている人たち、独身で生きる人たち、病人を抱えて生きる人たち、それらを受け入れ淡々と生き続けることは何倍も大変なのだ。家を出ればキリスト者としての価値観ではなかなか生きられず、忍耐と堅忍の日々であるだろうし、臍《ほぞ》を噛《か》む思いをしながら生きなければならない。そう考えると、「わたしの召命は」、などと、とりたてて語ることはできないのだ。

それに、結婚も独身のまま生きることも修道生活も、あらゆる召命は言葉で表現できないことがあまりにも多い。それぞれに特有の大変さと喜びがある。難しいことだが神が自分に与えてくださっている道を見つけ、その道を歩める人は幸いだと思う。どうして修道者になったのか、あるいは、どうして結婚を選んだのかと問われてだれが正しく答えることができるだろうか。

わたしはイエスのまなざしに気づき、人生の本当の相手はイエスであるのを知ったことしか明確なことはわからない。今、わかることは、ちょうど星に導かれた三人の博士のように（マタイ2・1～12参照）見失いながらも星を求め、探しあてたとき、もう元の道に戻ることなく違う道を歩きはじめた。そんな心境である。

ここまで何回も読み返してきて、突然、今まで考えもおよばなかったわたしの修道召命への神の計らいを感じた。気がつけば、わたしが生まれ育った桐生市とその近隣の県には規模の差はあるがおよそ二十の男女の修道会・宣教会があり、それぞれの会の目的にそって、祈りとさまざまな活動により、神への賛美と人びとへの奉仕が続けられている。これらの会で、またすべての教会で、「刈り入れは多いが働く人は少ない。刈り入れの主に働き人を送ってくださるよう願いなさい」というイエスの言葉に従って毎日祈られているが、その多くの祈りの実りの一人が今のわたしなのかと、はたと気づいて、驚きとともに本当にありがたさでいっぱいになった。同時に、祈りはかならず聞き入れられるという確信も新たにした。

誤解を避けるために断っておきたいのは、この「召命を求める祈り」は、だれか特定の人や地域のために限定している祈りではなく、すべての人びとのためであることだ。わたしたちの祈りは種まきで、実りと収穫は神がなさるわざなのだから。

ミサに与《あずか》るとは

静まる聖堂、緊張しているわたしの額に司祭の手から冷たい水が注がれるのを気持ちよく感じながら、ふと心に浮かび決心したことがある。それはこの洗礼の恵みに対し、これから毎日ミサに与ることを自分に課すことだった。

朝焼けが綺麗《きれい》な、しかし路面がうっすらと凍るほど寒い日、白い息を吐きながらいつものように車で教会へと向かっていると、だいぶ前を走る車が突然ノックしながら路肩に止まった。運転席から降りてきたその人を見ると、毎朝ご主人を駅まで送る近所の奥さんだ。故障でもしたのではないかと思い、車を止めて助けようとしたが、とっさに、それではミサに与れないとの考えがよぎり、ブレーキを踏もうとした足をアクセルに戻し、その車を避けて教会へと走ってしまった。しかし今わたしが助けなければ彼は電車に乗り遅れてしまうのではないか、わたしが駅まで送って行けば、事はすむ、今ならミサに遅刻するだけでまだ間に合うかもしれない。そんな交錯した考えの中で、バックミラーに映る車を見ながら何度もブレーキとアクセルを踏みかえたのだが……。結局そのままミサに与ってしまった。

だがミサのあいだも心残りであった。後ろめたさを内に秘めながら与るミサに喜びはないことも身にしみて実感した。

常日頃、他者の喜びを自分の喜びとし、他者の苦しみや悲しみもまた共有できる自分でありたいと願っていたはずだったが、いざ、事が起こったときそれを実行できなかった自分に失望した。受洗後この一年近くのあいだ、時間の許す限りたゆまず祈り、順調にミサに与っていることに有頂天になっていたわたしは、いつのまにか遅刻さえ許さない偏狭な心に縛られていたことに気づいたからだ。そのときからミサに与る真の意味とは何かを考えるようになった。

わたしたちは、日常的な雑多な事象を否《いや》が応でもこなさなければならない殺伐とした現実の中に生きている。それをすべて祭壇に捧《ささ》げミサに与れるのは、月並みな言葉でいうと「砂漠でオアシスを見つけた」ようであり、自分を取り戻せる貴重な時間でもあると思っていた。そのような感覚的なやすらぎと満足感を得ることも本当であり、それはそれで決して間違いではないだろう。が、しかしそれだけが目的になってしまったら悲しい。

ミサでイエスをいただいたわたしたちは、その糧によって外に向かって生きなければならないはずであったのに、ミサに遅れるという理由で、故障した車の横を通り過ぎてしまったわたしは本末転倒であったのだ。まるで「善きサマリア人」（ルカ10・30〜35参照）のたとえ話を再現するようなことをやってしまったのだ。

トルストイの民話の中に、二人の老人が念願の旧都エルサレムへ巡礼に行く物語がある。二人のうち一人は無事聖地にたどり着けるのだが、もう片方の老人は旅の途中で水をもらいに立ち寄った農家があまりにもみすぼらしく、ただ死を待っているだけの家族を見るに見かね、何日にも続く看病を始めた。そのため巡礼用にと長い年月をかけて貯《た》めた大切なお金をも、この家族のために使い果たしたのである。当然聖地へは行けなかった。しかし彼は満足し我が家に引き返したのである。

一方、無事に聖地に着いた老人に不思議なことが起こっていた。それは後から自分に追いつくと思っていた連れの老人が、人の波でごったがえす復活の聖堂でいちばん前にいるのを見つけることだった。巡礼のあいだ中、どこの聖堂へ行っても同じく彼を見つけるのだが、混雑した聖堂ではどうしても彼をつかまえられず話もできないまま、仕方なく帰路につき、すでに帰っていた老人に事の次第のいっさいを話し、どういうことかと尋ねた。巡礼を果たせなかった老人はもろもろの経緯は話さず、ただ「神さまのお心じゃよ」と答えた。（『トルストイ民話集』「二老人」参照　岩波文庫）

人は、自分を与えることによって神に喜ばれる、ということがよくわかる物語だと思う。見えない神を愛することはなかなか難しく思えるが、キリストの感性とみ旨を理解し、それを行動に表したとき初めて隣人愛に生きているのであり、等しく神を愛することなのだろう。だれもがこの老人の隣人愛に倣うことはできると思えないが、自分らしい自然な関わり方で目の前にいる苦しみ悲しんでいる人に寄り添い手をさし伸べることは可能だろう。

わたしたちは常に目の前に置かれた物事に対し選択しながら生きている。落ちているごみを拾うか拾わないかというようなささいなことから、人生に関わる重大なことまでそうである。わたしが故障した車を助けるか否か、老人が巡礼を続けるか否か、その場に立ったとき、どう反応するかはまったく自由であるが、その選択によってキリストの感性を生きているかどうかが見えてくる。自分の選択に対し、老人は満足し、わたしは後悔した。それがすべてを語っている。

キリストのからだである聖体をいただくということは、日常的な食事から栄養をとり肉体的な成長を促すように、霊的な成長を確かなものとするために他ならない。それは食物が肉体をつくりあげるように、聖体によって、わたしたちの内にキリストが生きているということでもあり、キリストの血によってわたしたちはつくり変えられているとも言えるだろう。だからおのずと感性も行動もキリストに似たものとなるはずだ。神のみ旨に生きた老人のように。

こう考えてくると、ミサに与るとは、宣教という大きな目的のための手段であるということが解《わか》ってくるのではないだろうか。また、どう生きるか、ということも。

「生きているのは、もはやわたしではありません。キリストがわたしの内に生きておられるのです。」(ガラ2・20)

苦痛を超えて

知人に会うと、「お元気でしたか」と挨拶を交わすが、そのときわたしはかならず「はい、順調に年をとっています」と答え、二人で笑う。笑うが本心なのである。六十歳も半ばを過ぎると肉体的な変化をだれでも感じるようになると思っている。以前は簡単にできたことが、今はそのことに意識を向けなければ同じようにできない自分を知っているからである。

でも、これは悲しむことではなく当たり前、ごく自然な現象であり、嘆くに値しないと捉えている。生木が倒れたら、痛いだろうな、と思うが、枯れ木が倒れるのを見ても痛そうには感じられず「今まで目を楽しませてくれてありがとう」と声をかけるくらいだ。人間も同じ、自然に還るとはそういうもので、神さまはよくしてくださるものだと、つくづく感じている。この身にいただいていたすべてを、今は一つひとつ返しているにすぎない。枯れ木になることが死を楽にすることなのだ。
と、かなり悟ったようなことを言っているが、自分に言い聞かせているだけで、実は、自分の最期が心配なのだ。

男子カルメル会は「終末期および看護に関する要望書」を作成しており、健康な状態にあるときに各自記入しておくのだが、だいたいの人が終末になったら無駄な延命治療は本人の意思と宗教的理由により施さないでほしいと書き入れてあると思う。しかしわたしはその要望書に、わずかな苦痛をも取り除く早めの処置をお願いしたい、との文面も忘れていない。苦痛に弱いからだ。ところがそれは短絡的な考えだったようなのだ。死を迎えるためにもっとも大切な内面的準備をするには、果たしてそれが適切な判断だったのかどうかわからなくなってきたのである。

心理学者の河合隼雄と作家の柳田邦男の対話集『心の深みへ』（新潮文庫）の中に、死にゆく人たちとの対話で一躍注目された精神科医キューブラー・ロスのことが取り上げられている。その彼女がこれまでの体験をとおし、「苦痛を通じて死んでゆくことに意味があるとしたら、苦痛を奪ってもいいものだろうか」と言っているのだ。また、末期がんを患っていたフロイトも鎮痛剤を嫌い、ぎりぎりまで苦痛に耐えた。その痛みが無意味なものになったときは自分で言うから処置を頼むと医師に伝えたという。激痛によって人格や尊厳さえも崩れてゆく兆候が見えたときの速やかな緩和処置の必要をフロイトは説いているのだろう。

人は、きっと、ぎりぎりまで耐えるとき、そこで何かを考え、何かが見えてくることを、豊かな臨床的経験をもつ二人は知っていたのだと思う。こうしてみると、どうも苦しみや痛みは人間の尊厳と関わりがあるように思えてくる。

ふと思う。十字架を背負い、傷つき幾度も倒れながら、ゴルゴタを目指したイエスの道行は、それを具現しているのかもしれない、と。マルコ福音書には、（十字架上のイエスに）没薬《もつやく》を混ぜたぶどう酒を飲ませようとしたが、お受けにならなかった（15・23）とある。そのぶどう酒はこの時代の鎮痛剤といっていいだろう。この記述が、死を目前にした苦痛に何か意味があることを示唆しているとしたら……。イエスの道行はわたしたちの人生の象《かたど》りでもあるのだから人ごとではない。

不思議なことにおいしさや楽しみ喜びなど、快い感覚は無条件に受け入れるのに、なぜか苦痛は忌避される。双方とも重要であるとわかっていながら比較するのもおかしいが、人が人として最期を全うするときに、理由はわからないが、大切なのは、もしかしたら忌避されているほうだと考えられなくもない。

死を迎える際まで霊的な成長と根源的な心の安寧を求めるならば、生きるなかで避けられない荒れ野を歩み抜ける以外にない。たとえどんなことがあっても神は耐えられないような試練に遭わせることはなさらない（Ｉコリ10・13）とパウロは言っているが、これは苦痛を伴う最期を迎えようとしているときにも当てはまるだろう。

イエスの生涯をたどれば、苦しみと痛み、そして悲しみに満ち満ちている。それはすべてわたしのために負われたものである。それを無条件に受け入れられたイエスの体温に触れたとき、苦痛に弱いわたしも、イエスに倣い、自分の身に起こる肉体的苦痛、そして精神的苦痛も「過ぎ越し」と捉え、どちらもありがたくいただくことにしようと思いはじめている。

十字架の森

友人のスマートフォンに保存されているたくさんの画像を見ていたら、その中の一枚に目が留まったのでわたしのパソコンに転送してもらった。

この絵を見てのとおり、背景奥深くまで縦横無尽に重なり合う十字架は、まるで不規則に並ぶ森のようだ。だからこの絵を勝手に「十字架の森」と題してみた。

これを描いた画家は見る人にいったい何を伝えようとして絵筆を手にしたのだろう、と考えながらしばし見入っていたが、なかなかわからない。

ひざが崩れ地面に手をつく痛々しい女性の姿は、彼女にとって重すぎる十字架を語

り、彼女はそれに耐えられず、「主よ……」とつぶやく。かすれた彼女の声が、見る人の心に響くように感じる。

イエスの慈愛に満ちたまなざしを受けた彼女は、渇くことのない生ける水を探しあてて安堵感を覚えたに違いない。そしてこのイエスのまなざしは、そのままわたしたちにも向けられているのだ。

しかしなんとなく釈然としない。これだけではない、もっと何かあるはずだ。


ある日、友人と会うために、待ち合わせの京都へ向かった。久しぶりの京都駅。現代建築技術の粋を集めたといわれる建造物の善《よ》し悪《あ》しや、それが京都の町にふさわしいか否かはわたしにはわからないが、旧駅舎を建て替えるとき、かなりの議論があったことは聞いていた。改めてここに立つと、思わず見上げてしまう斬新な造りだ。

約束よりかなり早めに着いてしまい、時間を持てあましてしまったので、待ち合わせ場所である改札口の近くの壁に寄りかかり、広い空間の構内を行き交う人たちを何とはなしに見ていた。さすが世界的に人気の高い観光都市。今やここは人種の坩堝《るつぼ》と化している。大声で交わす会話はわたしの知らない言語だ。団体客は後を絶たず、母親は子どもを叱りながら急《せ》かし、サラリーマンらしき人たちは、判で押したように無表情で足早に去ってゆく。改札口へと向かう人の波、そして反対に吐きだされてくる人の流れ、それが列車の発着のたびに繰り返されている。

そのとき、はっとひらめいた。そうか、あの絵が伝えたかったのはこれだったのかもしれない！

ここにいる大勢の人たちは紛れもなく一人ひとり十字架を背負っている。大人も子どもも、どの国の人も。楽しそうにおしゃべりしている女性たち、駅の建築を興味深そうに見上げ、写真を撮っている人、地面にバッグを広げ、しきりに何かを探している人、大きな地図とスマートフォンを見比べながら、連れの人に何か説明している人、そしてこの中には観光ではなく、病を抱えその検査結果を心配しながら歩いている人や日常生活の買い物客たちも混ざっているだろう。きのうの失敗を上司にどう説明したらいいか思案しているサラリーマン、恋人ときょうはどこへ行き、何を食べようかと張り切っている人も、たぶんいそうだ。

表面から見れば何もわからないこの人たちすべてが十字架を背負っているのだ。そういうわたしも大きな十字架を背負っている。

今、この目の前の光景をあの画家が表現したら、まさにあの「十字架の森」になるのではないかと思えてならない。そしてこの真ん中にあのまなざしのイエスがいる。

絵の中の女性はわたしたちの投影であり、周りの十字架は、担う人間が省略されていたにすぎず、なおかつイエスの担う十字架はわたしたちの罪に他ならない。

世界は人の数だけ十字架であふれ、その中で自分の十字架と向かい合いながら人は生きていかざるを得ない。しかし確かなことは、どんなときにもイエスが片時も離れず、必ずわたしたちとともにいることだ。

悲しいことに人生において幸せを感じる時間よりも、むしろ苦しみ、悲しみ、そして後悔が重なり合いながら、自分の今があるのだと、だれしも思えるのではないだろうか。

「十字架の森」は、この世の旅路の縮図、そのものであったのだ。

感覚の研ぎ澄まされた盲人――聖書に聴く 1

だいぶ以前のことである。腰痛がひどくなり、知り合いにある鍼灸《しんきゅう》師を紹介してもらった。さっそく、藁《わら》にもすがる思いでその家へ行き、治療をお願いしたところ、その先生は目の不自由な方であった。わたしにとっては初めての経験で、一瞬、大丈夫だろうかと思った。何しろマッサージではなく針を刺されるのだから。いざ治療が始まると心配のあまり、先生の行動を密かにうかがっていた。すると何の躊躇《ちゅうちょ》もなく目指す針を選び、治療を行うのである。終わって、料金のおつりを取りに隣の部屋へ行くときも、ドアのノブをぶれることなく正確に握って中に入り、これまた正確なおつりを渡されたのだ。

とにかくあまりにスムーズに事が運ぶので、わたしは思いきって、「先生は、少しは目がお見えになるのでしょうか」と失礼な質問をしてしまった。先生は慣れているのか、ごくふつうに「まったくの全盲です」と答えられた。失礼ついでにいろいろなことを尋ねると、まず、すべて家の中が整理されていることが絶対条件だそうだ。たとえば、使ったものはすぐ元の場所へ戻す（耳が痛かった）。それさえできていれば、後は頭の中にある地図で不自由をしたことがないとのこと。

話が弾み、いろいろな経験を聞かせてくださった。さまざまなお金、シャンプーとリンス、ビールなどアルコール飲料の缶と清涼飲料の缶の選び方。何より、一度来た人が二度目に来たとき、その声を聞いただけでそれがだれか、そして以前どんな治療をしたかも一瞬で思い出すそうだ。見えない分、他の感覚が研ぎ澄まされているということなのだろうか。

さて、その感覚が研ぎ澄まされている盲人のエピソードが聖書にでている。

バルティマイという盲人がエルサレムに向かうイエスの一行と出会う。きっとイエスの評判をすでに耳にしていたのだろう。

「ダビデの子イエスよ、わたしを憐れんでください」と、待っていたかのように大声で言い始めた。多くの人々が叱りつけて黙らせようとしたが、彼はますます叫び続けた。イエスは彼を呼ばれた。盲人は上着を脱ぎ捨て、躍り上がってイエスのところに来た。

イエスが、「何をしてほしいのか」と問いかけられると、彼は、「目が見えるようになりたいのです」と答えた。

このときの盲人の受け答えや行動を見ると、興味深いことに気づかされる。

「上着を脱ぎ捨て」とあるが、これは彼の持ち物を放棄したとも読めるし、イエスが盲人を「呼んだ」ことを、わたしたちが呼ばれたように、イエスに従うことを指し示していると読み取ることもできる。

また「見えるようになりたい」と言ったことも、ただ物が見えるようになることを望むだけではなく、「真理を知りたい。イエス（真理）を見たい」と捉えることもできると思うのである。

それは最後の、「なお道を進まれるイエスに従った」という記述から感じたのだが、この一文も実際にイエスの一行に加わったことではなく、精神的にイエスに従う、つまり帰依したのだと解釈するほうが、より自然ではないかと思う。

そして、叱りつけられても「ますます叫び続けた」とあるように全身全霊でイエスにすがったというのも、感覚の鋭い彼が、瞬時にイエスはどんなお方かを見抜いたからではないだろうか。

●マルコ10・46～52

〝救い〟とは？——聖書に聴く 2

イエスの求める宣教とはいったい何だろう。それは人びとに真実の救いをもたらすため、神から離れてしまった人びとをもう一度神に立ち返らせ、そのいのちに入るために悔い改めと福音を伝えることだと思う。しかし、本当にわたしたちはそれを求めているのかどうか疑問をもってしまう。聖書に登場する人びとは、自分の負の部分が取り除かれることが救いであると信じ、それらを求めているように思えてならないからだ。

癒やされた人たちは心の底から喜びを感じ、イエスに感謝したことだろう。それは本当にありがたいことだったのだ。わたし自身もその境遇に立ったなら、同じようにイエスに癒やしを求めてしまうだろう。

長い人間の罪の歴史を経て、御父はわたしたちに救い主イエスを与えられた。しかし、イエスは人びとの病を癒やすためだけに遣わされたのであろうか。メシアはそのために来られた方なのだろうか。マルコ福音書にはこう記されている。

日が沈むと町中の人びとがイエスを求めて集まり、病人は次々と望みどおり癒やされた。そしてイエスが、次の朝早く起きて人里離れたところで祈っていると弟子たちが呼びに来る。「みんなが捜しています」と。しかしイエスは「近くのほかの町や村へ行こう……」と言い、待っている人たちを置いたまま去って行かれる。

この記述から、わたしたちは何かを読み取らなければならないだろう。こういう詩がある。

大きなことを成し遂げるために
力を与えてほしいと神に求めたのに
謙虚を学ぶようにと
弱さを授かった

偉大なことができるように
健康を求めたのに
より良きことをするようにと
病気をたまわった

幸せになろうと富を求めたのに
賢明であるようにと
貧困を授かった

世の人びとの賞賛を得ようとして
成功を求めたのに
得意にならないようにと
失敗を授かった

人生を楽しむために
あらゆるものを求めたのに
あらゆるものを慈しむために
人生を賜った

求めたものは一つとして与えられなかったが
願いはすべて聞き届けられた
神の意に沿わぬものであるにもかかわらず

心の中の言い表せない祈りはすべてかなえられた
わたしはもっとも豊かに祝福されたのだ

この詩はアメリカのリハビリを専門とする病院の壁に残されていて、「ある兵士の祈り」との題名がつけられている。負傷した帰還兵が絶望の淵よりたどり着いた境地からこの詩が生まれたのではないかと思う。逆に言うと、この美しさは想像を絶するほどの、死と隣り合わせの体験をしたからこそ生まれたと言ってよいだろう。

注目したいのは、「求めたものは一つとして与えられなかったが、（にもかかわらず）わたしはもっとも豊かに祝福されたのだ」と言い切っていることである。瀕死のからだで死線をさまよいそれを乗り越えたとき、本当の救いは何であるのか、心の奥深くに入り、じっと自分を見つめたと思えるのだ。

朝早く人里離れたところで、イエスは何を祈っておられたのだろう。

●マルコ1・29～39

気前のいい主人——聖書に聴く 3

神の思いとは本当にわからないものだ。聖書にぶどう園の労働者のたとえ話がある。ぶどう園の主人が収穫のため労働者を雇う話で、この主人は朝早くから働いた人にも夕方から少ししか働かなかった人にも、同じ賃金を払うのである。

明け方から雇われ、一日中汗水流して働いていた人の不満はもっともだと共感できるし、彼らとほんの短時間しか働かなかった人の賃金が同じというのは常識的にみても理解できないことだ。聖書のこの話をそのまま読んでいたら、だれもがそう感じるのは当然だ。しかし、イザヤ預言書に「わたしの思いは、あなたたちの思いと異なり、わたしの道はあなたたちの道と異なる」とある。これがこのたとえ話を理解する鍵になると思う。

そこで、独断的かもしれないが見方を変えて、一日を「人生」、雇われた時刻を「イエスとの出会いの時、洗礼」、賃金は「恵み、あるいは永遠のいのち」として、もう一度読み返してみると、新しい発見が生まれるのではないか。

わたしたちには一人ひとり、それぞれ固有のイエスとの出会いの時期がある。朝早くから一日中働いていた人とは、一生ずっと主とともに歩いてきた人で、信仰に生かされ、苦しみはあっても安寧の中に人生を送ってきたと考えられる。にもかかわらず彼らは不満をもらすが、イエスは決して彼らをないがしろにはなさらない。「友よ」と語りかけ、むしろ親近感を抱いておられる。

続いて十二時ごろ三時ごろとあるが、夕方の午後五時というのは人生の終盤にさしかかる時期だと考えるとわかりやすいだろう。もう一日が終わるというその時まで、何度も広場に出かけ仕事を求めている人への心配りをする主人である。

とくに「なぜ何もしないで一日中立っているのか」と尋ねるその言葉から、黄昏《たそがれ》にたたずむ彼らを見守っていたイエスの温かいまなざしすら感じることができるのではないだろうか。「だれも雇ってくれないのです」と答えた彼らは、どんなにか心細い思いを人生に抱いていたのか計り知れない。

「まる一日、暑い中を辛抱して働いたわたしたちと、この連中とを同じ扱いにするとは」と不平をいう労働者に「わたしはこの最後の者にも、あなたと同じように支払ってやりたいのだ」と答えたこの言葉から、心細く不安定な日々を送ってきた彼らに対するイエスの真情が見えてこないだろうか。そのうえ、初めからイエスとともにいる人と同じ恵みである永遠のいのちを、人生の終盤に主に立ち返った人たちにも与えてくださる「気前のいい」神の姿が浮き彫りにされているように思われる。このたとえ話は、自分を午後五時に雇われた労働者として聴くとき、初めて神の慈しみにふれることができるのだろう。

わたしたちの尺度から考えると、どうしても信仰歴の長さで成熟度や恵みの多さを測ってしまうが、神の目にはどのように映っているのであろうか。神からいただく恵みは、ずっと神とともにいた人にも、たとえ、きのう信仰をもった人にも十分に等しく与えられるのだと、このたとえ話は告げているように思う。

●マタイ20・1〜16

日ごとの一歩

二つの光源

年を重ねたせいか古い記憶に漂うことがよくある。そのほとんどが修道生活を人生の選択肢として考えていた時期やその前後の人間関係にまつわる出来事、不思議さなどである。もちろん取るに足りないことも頭をよぎる。老化現象と言ったらそれまでだが、なにより前向きではないと考え、それを吹き払うことが多々ある。しかしそれもまんざらいけないことでもないようなのだ。

曽野綾子の著書『原点を見つめて』の中に、彼女ら巡礼の一行がシナイ半島の砂漠の荒野で一夜を過ごす場面がある。夜中に用を足すため懐中電灯を持ち五十歩ほど行ったところで電灯を消し振り返ってみると、そこは漆黒の闇であることに彼女は戦慄を覚えた。今、出てきたばかりのテントの所在がわからないからである。

荒野や砂漠でテントを離れるときは二つの懐中電灯が必要なのだと肝に銘じたという。一つは出発した地点に、そしてもう一つは自分の足元を照らすために。続けてこう言っている、「ひとはすべて自分の出発した地点を肝に銘じて明確に、常に覚えていなければならない。ひとは暮らしの原型、出発した地点の風景を、常に心の視野のうちに納めて置く。（略）目的地だけわかっているのではいけないのだ」と。（祥伝社黄金文庫参照）

さて、わたしにとっての原点はいくつかあると思えるが、やはり今の生活を求めていたころのことを選ぶのがもっとも自然であろう。未知の世界の扉の向こうに何があるのか、見えそうで見えない世界、どっぷりと浸《つ》かっていた社会から未知への移行に、いったいわたしは耐えられるのだろうか。それよりも何よりも、わたしは間違いなく（神から）招かれているのだろうかと、考えればきりのない日々を送った。今思えば滑稽なほど緊張し本気で覚悟をしなければならないと思ったものである。

しかし、そこには不思議な平安の中で、やはりキリストに呼ばれているという確信がうちから湧き上がり、そして何よりも「やる気」があったように思う。他の修道会の修道士の経験などを何回も聴きながら自分自身に約束したことがある。それは、「すべてを受け入れる。」これを基本信条として自分に課した。今、その信条はいつのまにか、かつての清朗さと素朴さを含め色あせてしまっていることに戸惑う。この世の価値観を捨て、自分自身を覆っている自我を剥ぎ取りキリストの掟に従うはずが、いつのまにか日常の中に快適さを求めている自分に気づかされる。中心がキリストからかつての自分に戻ってしまっているのだ。

これでは捧《ささ》げたはずの修道生活は形骸化し本来の生き方を阻害させているのではないかと不安になる。なぜそうなってしまうのだろうか、曽野氏が言うように、「出発した地点の風景を、常に心の視野のうちに納めて置く」ことをないがしろにしていたからではないかと思う。本当に必要なものは、素朴な信仰と謙虚さと知恵、そしてキリストに生きる行動力ではないかと思う。それを、自我を剥ぎ取ったはずの自分にもう一度まといたい。その時こそ最初に求めていた奉献生活者となってゆくだろう。

わたしの原点にかえるとは、まぎれもなくキリストとの出会いの体験にある。まっさらだった自分の出発点を照らす明かりの電池が切れないように、折にふれ、あの出会いを見つめ直し、「すべてを受け入れる」という初心にかえることがその電池を充電することだと思う。そのことによって今の自分の真の姿を浮かび上がらせ、識別するための足元の明かりは鮮明さを増すだろう。そして目的地に向かった確実な歩みを続けることができるのではないかと思っている。

このステキな成長記録！

小学生の成長記録を取材した記事を読んでいると、これが呼び水となって数年前のことを思い出した。

三年、あるいは六年ごとに修道会の体制が替わると異動の季節になる。従順に、そして執着心をもたないはずのわたしたちも、この時期はどことなく落ち着かない。いよいよ人事の発表になると密《ひそ》かに一喜一憂する。新任地といっても、ほとんどが馴染《なじ》みのある古巣に帰るようなものなのだが。

思い出したのはその古巣でのこと。懐かしい人たちと十数年ぶりに一緒に与《あずか》った主日のミサの後、挨拶がてらに四方山《よもやま》話に花が咲く。驚くのはかつての子どもたちだ。

思い出の中ではやんちゃな彼らが揃《そろ》いもそろって立派になり、面影を追うのが精一杯で、だれがだれだかしばらくわからない。それもそのはず、かつてはわたしの腰ぐらいまでしかなかった子どもたちが、今や、はるかにわたしの背丈を越え、見上げながら話さなければならないほどの成長ぶりである。そのうえ、大人の受けこたえをするものだからなおさら面食らう。それにしても身も心も成長した姿を見ると、時の流れを意識せざるを得ず、喜びと感慨はひとしおである。

冒頭の記事に話を戻すと、ある小学校の保健室で働く先生の心配りである。クラスをもたない彼女は「わたしは通知表を渡せないので、それぞれの顔を思い浮かべながら……」と、毎年卒業生一人ひとりの六年間の身長と体重の推移をグラフにし、その記録が書かれた厚紙の右上にリボンを飾り本人に贈っている。だがこのリボンが〝みそ〟で、ただの飾りではない。六年間で伸びた身長と同じ長さになるように、生徒ごとに一ミリ単位で切られ、それを結んだものなのだ。つまりリボンの長さがその生徒の六年間の成長記録となっているのだ。これを受け取った家族が感謝の言葉をツイッターに投稿したところ、瞬く間に広がり評判になった。それを知った当の先生、「みんなのこと、ちゃんと見ているよ、って気持ちが少しでも伝わったら嬉しいです」とのコメントが、また人柄をにじませる。

身近な子どもの身長の変化は、家族であれ先生であれ、なかなか気づかないだろうが、記録を取り続けることによって一目瞭然というわけだ。それにしてもこのアイディア、秀逸である。

未来につなぐ子どもたちの成長は、まず環境と食事。子どものころの食欲はそれを語り、頼もしくさえ思う。残念なことに、わたしたちの年齢になると身長の伸びは望むべくもなく、むしろ縮まっているような気さえする。悲しいかな、食欲も年齢に比例して細くなる。しかしそれが自然なのだろう。

ではわたしたちの成長はもう望めないのだろうか。そんなことはない。人間として生きているかぎり常に成長し続ける存在でありたい。ただその成長は背丈ではなく、内面的かつ霊的な成長だ。その源は日々いただくご聖体。食べ物によってからだはつくられ、キリストのからだであるご聖体と祈りによって霊的な内面はつくられる。そしてわたしたちはその深みへと導かれるのだ。

この成長は、その人の言行によって表されるが、あのリボンのように、見える記録としては残せない。でもそれでいいのかもしれない。なぜなら、わたしたちの霊的な成長の記録は天にあるのだから。

不純のすすめ?

近頃はどこのスーパーでも香辛料が並べられている棚に天然の塩を見かける。きっと需要があるからだろう。でもわざわざ買うまでもなく、ときどき信者の方からいただくことがある。多くは外国旅行のお土産としてだが、それらは粗い結晶がくっつき合っていたり薄く色がついていたりして、さらさらした塩に馴染《なじ》んでいたわたしは興味が尽きない。それを生の野菜やゆでたジャガイモにパラパラと振りかけてほおばると、潮の香りやほのかな甘さが微妙に感じられ、おやっと思い、まじまじとその容器を手に取り、しばし眺めてしまう。野菜独自の味が引き立つように感じられるからだ。それは常日頃食卓に置いてあるいわゆる「食卓塩」とは似て非なるもので、今まで親しみ、そして塩とはショッパイものだと思い込んでいたあれは、いったい何だったのだろうかと、少々おおげさだが本当にそう感じてしまう。

豊かになった社会は清潔さや純粋指向に流れ、また消費者側もそれを求めている。食卓塩の成分表示には、塩化ナトリウム九十九パーセント以上と誇らしげに書かれている。本当の味わいよりも清潔で安全性を求めた結果だろう。それにひきかえ、天然塩は精製されていない分、不純物が混ざっているということである。

さて、話を転じて考えてみよう。わたしたち人間は神の慈しみによって神の似姿としてつくられた。人間は、決して科学的に造られた塩化ナトリウムではなく、神から与えられた天然の塩（賜物）を含んでいる。それを単なる不純物（欠点と思える）の混ざった塩と錯覚してはいないだろうか。それこそが一人ひとり、独自の人間性をも引き立て、魅力を放つ大切なものなのであるとは思いもしないで。しかし、その錯覚はいいように働いている。それは欠点と思える自分の中の不純さに気がつくことによって常に純粋さを求めるからだ。

パウロは自分にある〝とげ〟を取り去ってくださるよう主に願った。しかし神は「わたしの恵みはあなたに十分である。力は弱さの中でこそ十分に発揮されるのだ」（Ⅱコリ12・9）とこれを退けられたのは、この不純物とまんざら関係がないとは思えない。この〝とげ〟こそが、パウロがパウロである所以《ゆえん》であり、偉業を成し遂げるために欠かすことのできない「塩」だったような気がする。神はその不純物を「よいもの」としてわたしたちにも授けてくださったのであろう。

「すべてのものは対をなし、一方は他に対応する。主は不完全なものを何一つ造られなかった。一方は他の長所をさらに強める。」（シラ書42・24〜25）善と悪、光と闇、生と死、聖と俗、純粋と不純、これらも一方がなければ善も光も純粋さも、そして聖なるものも、わたしたちは知ることも求めることもできず、また求めなかったに違いない。同じようにわたしと他者との関わりも、対を成してこそ実るのである。それをもたなければ完全とは程遠い味気のないものになってしまうからだ。

わたしたちは「地の塩」となるよう神から召されている。不純物から醸しだされる特有な風味をもってすべての人と関わるとき、相手の長所を強く引き出し、同時に自分も生かされるのではないだろうか。

子どもが危ない

今、子どもにまでもスマートフォン（以下スマホ）の普及が進み、新たな問題が静かに浸透しつつあることを知った。

ある信者さんから、祈ってください、との一文が添えられた一冊の本*が贈られてきたからである。内容はインターネット中毒に関するものだ。とくに子どもたちへの影響は著しく、心配より恐れを感じたほどだ。

子どもたちの友人や家族との交流は言葉からスマホに代わりつつあり、一人のときはゲームに熱中。しかし、そのゲームが曲者《くせもの》なのだ。入門として無料配信されるそれは、次から次へとエスカレートされるようにつくられており、気がつくと有料のゲームにはまってゆく。そうなると学校にも行けないほど没頭してしまう。これは脳内にスリルや興奮や高揚感など快感をもたらすドーパミンという物質が分泌される結果だそうだ。覚醒剤と同じ影響を脳は受けると専門家がのべている。

神の啓示か、たった今知ったのだが、今年二〇一八年、世界保健機関（WHO）によって、ネット依存は病気として初めて定義されたと朝日新聞デジタルに載っていた。これに陥る人たちは世界中で社会問題になっており、とくに若年層で顕著にみられると、その記事は続いている。

深刻なのは家庭内にも波及していることだ。衝撃を受けたのは、三歳になる男児が帰宅した父親に向かって一直線に走り寄り、父親の膝にもたれたまま動かない。そのあいだ父親はゲーム機を見続け、二時間、三時間、二人には会話がないままだ。本当だろうか。その後その男児は父親と同じように母親のスマホで動画サイトを見続けるようになったという。驚くのはまだまだで、なんと出産のための分娩室《ぶんべん》までそれを持ち込み、出産する我が子を写し送信するのだそうだ。

「スマホ育児」が問題になっていること、また日本小児科医会がすでに二〇〇四年に五つの提言を出していることも知った。心身の発達とコミュニケーション能力を育てる幼児から十歳くらいまでは、人生の土台をしっかりきずく大事な時期なので、どのように親子がネットと向き合ったらよいかを具体的にさし示している。

この本の著者も薦め実践していたが、情緒、情操教育を見直し感性を磨かせる時期を大切にしたい。子どもと一緒に風景や花の美しさ、芸術作品を愛《め》で、ともに味わい、街を散歩し頬にあたる風を感じ、そこで心に浮かんだことを語り合うのもいいかもしれない。それはスマホの中に作られた仮想の世界ではなく現実の世界を親子ともども再体験し人間性を取り戻すことではないだろうか。豊かな世界を目指して開発された技術の進歩を善用し、同時に、悪用されて子どもたちの心身が危険にさらされないよう見守っていく大人の責任は重いと思った。

日曜日の説教で、外国と日本の幼稚園で働いた経験のあるシスターからその司祭が聞いた話が興味深い。彼女は両国の大きな違いに気づいたというのだ。それは親が子どもを幼稚園に送ってきたとき、日本の親は「頑張ってね」と言って帰るが、外国の親は「愛してるよ」と言って帰るのだそうだ。子どもにとっては、頑張ってねと言われた一日と、愛してるよと言われた一日では、精神的にずいぶん影響があるのではなかろうかと、そんな趣旨の話だった。

親の情は世界共通。ちょっと視点を変えることで選ぶ言葉も変わり、それで子どもは愛情を感じ安心するのだ。小さな心遣いの積み重ねで家族関係の回復は可能になるだろう。そうして培われた豊かな心になれば、子どもはネットに支配されることもなく、それは便利で有益なものとなるのではないだろうか。

＊『もしかしてうちの子も？——しのびよるネット中毒の危険と対策』（山中千枝子・女子パウロ会共著）

物あふれ心さまよう――流行について

不要な物を断ち、それを捨て、物への執着から離れ、生活環境を快適にする「断捨《だんしゃ》離《り》」が流行《はや》ったのは記憶に新しいが、さらにその上をゆく「ミニマリスト」なるものが流行るらしい。聞きなれない言葉だが、「最小限」を意味する「minimal《ミニマル》」からのネーミングだ。これは半世紀ほど前に外国の建築界や美術界から始まり、若者を媒介にして徐々に一般化したもので、断捨離との違いはまず自分の生活形態を根本から見直し、それにふさわしい物以外は最初から持たないという。そういえば、昔、「シンプルライフ（簡素な生活）」が流行ったが、その包装を変えただけの感をぬぐえない。流行は繰り返されるのだろう。

世の中は不況であると聞くが、そんな時代だからこそ簡素な生活を主張するこれらが流行るのかもしれない。が、それにしては一歩街に出ると、デパートや商店は華やかに陳列された流行の品々であふれ、そこに群がる消費者を誘惑し、まるで不景気など〝どこ吹く風〟の様相にわたしの目には映る。繰り返される巧みな宣伝は、新商品はよい物、と思わせる。その結果、不便ではあっても個々の思い出や家庭の歴史のこもる古い物を大切にする精神が薄れ、さして欲しいと思わなくとも、ついつい新しい物に走る人も多いのではないだろうか。そんな世相に、あたかも警鐘を鳴らすかのように断捨離やミニマリストが生まれるのは、豊かさの中にある危うさや不安を本能的に感じ取り、そのバランスをとる機能が働くように人間はできているようにも思えてくる。しかしその見方も正しいとはいえない。

経済社会はしたたかである。人間の要望や行動を、鵜《う》の目鷹《たか》の目で読み取り、それを逆手に取って人びとを誘導しようとする多くの企業があってもおかしくないからだ。経済効果があるとわかれば、どんなものでも流行に乗せるのはたやすい。なぜかというと、流行は作り出すものだからである。

以前わたしはそれを作り出す側にいた。そこでは来年の流行色を設定し、それに応じて髪型、衣服などの傾向が総合的に決められ、あとは広告業界がコマーシャリズムに乗せるだけである。世の中の流れやニーズを分析する時間を含めたら、すでに二、三年前からその作業は始まっている。今はその総合的なファッションの中に、断捨離、ミニマリストなどの、ライフスタイル（生き方）までもが組み入れられたとわたしは見ている。大衆受けするモデルを広告塔とし、社会に発信された情報は思惑どおり共鳴する人が増えてゆく。欲望が流行を支えているのだ。

物に依存する人も同じである。これらは一見両極端に見えるが、根を探ってゆくと、何かを欲する点で同根である。わたしは思うのだが、この両者の実相は「渇き」ではないのかと。どうすることもできない心の渇きを潤すために、物に依存する人と禁欲的に生きる人に分かれるが、それは単に感性の違いだけではあるまいか。

欲望は肉体をまとっているかぎり消せないが、しごく重要でもある。人類発展進歩のため、あらゆる分野での技術の開発、そして個人的成長にもつながる大切な要素である。サルトルは、「欲望は自分に欠けているものを求め、欠けていない存在になろうとすることだ」と、肯定的に捉えている。とはいえ世の中を眺めると、欲望から生まれ出た物の豊かさが、かえって精神の混乱を招いているように思える。ふと、どなたかの、「物あふれ心さまよう」との言葉が頭をよぎる。

仏教用語に「小欲《しょうよく》知足《ちそく》」という勧めがある。「小欲」とは、わずかなもので満足することであり、「知足」とは、分をわきまえ今あるものに満足を見いだす、と辞書にある。求めすぎるな、ということだ。「言うは易し、行うのは難し」であるのは十分承知しているが、地に足をつけた生き方に通じるのではないか。

物に依存する人はさておき、断捨離もミニマリストもそれぞれ納得できる価値ある思想だとわかるのだが、「物」が主体になっていないだろうか。しかし本当に大切なことは「心」であろう。時とともに色あせ廃れてしまう流行や、絶対多数の意見に振り回され、自分を見失ってしまうことを想像すると、何とも虚《むな》しいではないか。

真の豊かさとは何か、自分はどう生きるのか、といった根源的なことを自分に問いかけ、なおかつ、思想や価値観までもが影響を受けかねない世の中の動向から一歩退き、何ものにもとらわれない心と自分の頭で考えること。それなしに真実の答えは出てこない。

それには自分と向き合い、そこに「感謝の心」があるかどうかを見極めることだ。望めば何でも手に入り、それが当たり前と勘違いしているうちは感謝の念は出てこない。感謝の心は、物がある無しにかかわらず、心が満たされたとき自然に湧き出てくる感情である。そのとき、おのずと「物」に対する考えは行き着くところに収まるのだ。それがないかぎり、生まれては消えてゆく泡のような流行に踊らされ、いつまでたっても心の平安は訪れないだろう。

「沈黙の碑」の前で

どんなとき人は喪失感に陥ってしまうのだろうか。たとえば、家族の死や大切な人との別れ、重篤な病気を医師から宣告されたときなどが挙げられるだろう。手からこぼれ落ちてしまい取り返せないもの、追いかけてもつかめない逃げ水のようなものを、寂寥感《せきりょうかん》のなかで求めても、ただ虚しさだけが自分を包みこむ。

空を見上げれば太陽は輝き、雲は流れ、木々の緑はあくまで深く、街はいつものように人びとが行き交うごくありふれた日常風景を目にしながらも、どこか現実感が伴わず、向けるべき相手がわからないかすかな嫉妬心の混ざった理不尽さをもてあます。そんな体験をしたことがないだろうか。そう感じるのは、たぶん、そこで時間が止まってしまっているからだ。人間の身体はよくできていて、急激なショックに押しつぶされまいとする機能が備わっており、出来事に対して無反応になるようだ。防衛本能の不思議さである。

人間がこんなに哀しいのに
主よ
海があまりに碧いのです

喪失感や虚無感を覚えているとき、この句は心に沁みる。およそ十数年前、この句が刻まれている碑の前に立って、心がひどく揺さぶられたのを思い出す。長崎は外海に建つ遠藤周作文学館の「沈黙の碑」である。『沈黙』を読んだのはかなり以前になるが、迫害のなかで逃げ場を失った人たちの信仰の真の強さ弱さを、どこで何をどう判断するのかと、読む側への問いかけが、鋭い切り口で描かれているように思う。印象的なのは、文章のそこかしこに風景や大自然の描写が各々の場面にふさわしく散りばめられていることだ。この描写によっていっそう臨場感が読み手に伝わってくるのだが、そのせいか読みおわると深いため息と虚無感に捉われた覚えがある。だから読後の余韻のなかに、碑の言葉に共鳴する心情が湧きでてきたのかもしれない。

生きとし生けるもの、すべては大自然との調和にあるべきはずであるが、そのバランスが崩れると、人は不安に陥り、肉体や精神に影響を及ぼすだろう。

自然の雄大さ、美しさは、わたしたちに感動を与えるが、時には人の手に負えないほど、むき出しの脅威が容赦なく襲いかかる。それを目の当たりにしたとき、人は確固たる不動なものに対して、畏怖や威厳などをいやおうなく知る者となる。同時に人間の存在の小ささも、心の底から味わわされるが、そこに謙虚さが生まれるのも確かだ。これらは、わたしたちの人生の、そして信仰の旅路を歩むうえの示唆として受けとめたいものだ。

その旅路において、すべての人が穏やかな生活を望んでいるにもかかわらず、どうしてそれは届かないところにあるのだろう。世界を見渡しても、などと、大げさに考えるまでもなく、身近なところにさえ、いさかい、争いがあり、困難、苦しみ悲しみは絶えることがない。

古代中国に、「退一歩《たいいっぽ》、『海闊天空《かいかつてんくう》』」という言葉があるという。「一歩下がって見れば、そこには広々とした世界が広がっている」という意味だそうだ。なるほどと思う。しかし、いざそんな境遇に遭ったとき、一歩退く勇気が果たして出てくるのか、わたしにはいささか自信がないが、それが生きる知恵というものなのだろう。

自分をさしだせる喜び

昨秋（二〇一五年）、インターネットにこんな記事が載っていた。河北新報が配信したもので「路上生活者を支援する清掃奉仕活動七百回に」と題してある。大まかに説明すると、彼らの自立を目的とするNPO法人が、社会復帰の足掛かりになるよう二〇〇二年からスタッフとともに毎週続けてきた路上清掃奉仕通算七百回記念に、参加回数がとくに多かった上位十名を選び、表彰状が贈られた、というものだ。この記事に反応したネット利用者のコメントに興味を引かれたので抜粋して紹介したい。

いわく、「ありがたいですね、頭が下がります。」いわく、「奴隷扱いに見えるが間違いでしょうか？　人として給料を支払ってもいいと思いますが。」「都合よくタダでコキ使わないでちゃんと給料あげなよ。」「目指せ七千回。」「賞状をあげたって置き場所に困るだけだろう。仕事の斡旋《あっせん》をしてあげたほうがマシ。」「給料を払えよ。」……等々。新聞などの紙面に載るのとは違い、安易なネットのためか乱暴な物言いが気になるが、参加者に対する同情心はうかがえる。

しかしさらに気になるのは、その同情心が給料（対価）を払わず賞状を与えたことに異議を唱えていることだ。大きな災害時を除き、身近なところでの地味な奉仕の精神がいまだ希薄なこの国では当然の結果なのかもしれない。

日本は世界が認める「経済大国」と呼ばれて久しいが、それは国の成熟度が増したことでもある。しかしその成熟と引き換えに、かけがえのないものを失いつつあることを、わたしたちはうすうす感じているが、くしくもそれがこのコメントに現れているように思えてならない。

わたしが知りたいのは奉仕に参加している当事者たちの声だが、残念なことにこの記事にはない。想像にとどまるが、彼らはこの奉仕によって地域から必要とされている実感と、流した汗から、充実感と自立への希望が見えたのではないだろうか。しかし、もし対価が払われていたならば果たして十三年にもわたってこの活動が続いていたか疑問である。なぜなら対価を払うということは、両者は対等になり、その時点でいったん関係が断たれることでもある。つまり一時的な雇用関係が生じて事務的な賃金の授受で終わり、人間的なつながりは薄れてしまうのだ。そんなことを彼らは望んでいない。

十三年という歳月は、すでに地域と彼らとが信頼関係にあることを示している。一見、彼らを「世捨て人」のように思ってしまうがそれは違う。好んで選んだ道ではない。理由は千差万別あろうが、その一つは成熟した社会がもたらした効率優先の流れについていけず心に傷を負ってしまったからであり、それは優しさゆえの不器用さが遠因になっていることも多々あるのだ。しかしそれでも心の奥では、社会と人との絆がほしいと願い、苦しんでいる。

かつて東京の山谷で働く神父の下で奉仕の真似ごとをしていたことがある。ここも路上生活者が集まる地域で有名だ。ある日、夕食のために食料を買いに行くと向こうから見覚えのある人が来る。時々わたしたちのところに顔を出し、お茶を飲み衣類などを持って行くきわめて無口な人だ。彼はわたしを見つけると飛んできて、手にしていた袋をさしだし「食べてくれ」と言う。それは彼の夕食だった。「夕食でしょう？ それをもらうわけにはいきませんよ」と断ると、悲しそうな顔で「頼むからもらってくれよ」とわたしの胸に押しつける。戸惑いつつ、お礼を言って受け取るとホッとした顔をして嬉しそうに去っていった。それでも迷ったまま彼の後ろ姿を見送っていたが、いや、感謝してありがたくいただこうと決めた。胸が熱くなった。彼の心が痛いほどわかったからだ。

この彼と、路上奉仕の行為は異なるが心根は同じだ。彼らも自分をさしだしたいと願っている。だからこそ続けられているのだ。その積み重ねで得た賞状は地域社会か

ら認めら れた証しであり自立の兆しの象徴でもある。使えば消えてしまうお金とは、重さがまったく違うのだ。

クールで合理的かもしれない。悪いことでもないだろう。しかし、なんでも損得や金銭に換算する風潮にわたしはどうしてもなじめない。人にはもつべき誇りや心の温《ぬく》もりがあり、それが、人を人と成していることを思い起こしたい。コメントの数々をそのまま鵜呑《うの》みにするつもりは毛頭ないが、すでに経済至上主義が社会的通念となってしまっているかのような現実を見ると、やはり成熟から生まれた喪失と、そして、人の心の荒廃をわたしはどうしても否まずにはいられない。

吹雪の空を飛び継ぐ二十五人のテストジャンパーたち

スキージャンプの世界に、テストジャンパーと呼ばれる人たちがいるのをご存じだろうか。わたしはあるテレビ番組を観《み》るまで知らなかった。彼らは競技前や競技中に実際に飛んでコースの安全をくまなく確認し、また降り積もった雪を踏み固めるなど、競技に支障がないよう調整するいわば裏方の仕事を担っている人たちのことだ。

一九九八年冬季長野オリンピック。彼らの活躍が、のちに「陰の功労者たち」と称賛される物語が隠されていた。総勢二十五人、ほとんどがオリンピックを目指す若者たち、そして、オリンピック経験者一人がリーダーとして含まれている。

大会が始まり、一回目の日本勢の飛翔距離は順調であるかに見えたが、手痛い失敗があったため暫定四位。おまけに天候は吹雪になりつつある大荒れで、中断か中止かを、委員たちが協議する事態となった。首位を維持しているオーストリアは当然中止を主張し、それに続くドイツ、ノルウェーも賛同した。メダルが確保されているからだ。このままでは日本は四位確定が濃厚で、長野の空に日の丸は上らない。もはやこれまでか、日本の選手団はこの危機に焦った。

そのとき日本の委員が中止を強硬に反対し、競技の続行を訴えた。そこでテストジャンパーの出番となり、中止か否かを決めるカードは、委員たちから彼らに移った。しかしそれはかなり危険を伴う過酷なことである。視界が最悪な空中に向かい、時速九十キロ以上のスピードで飛び出すからだ。転倒しただけで危険とみなされ、競技は中止となることは目に見えている。「ミスは許されない。」これがそのときの彼らの心境であったという。

吹雪の空に二十四人が間髪を入れず次々と舞う。間隔を置くと、その間に雪が積もってしまうからで、その危険を回避する作戦をリーダーはとったのだ。そんなことを知らない観客は、ただ無関心に眺めているだけだ。

最後の飛翔者、リーダー西方仁也。彼は前回オリンピックメダリストであり、今回の大会に期待されていた。が、しかし不運なことに腰の故障が災いし、選考からもれてしまった経緯をもつ。忸怩《じくじ》たる思いのとき、テストジャンパーとして参加を呼びかけられる。抵抗はあったが自分の中でオリンピックに終止符を打つために引き受けた、とのちに彼自身が語っている。このときの彼の気持ちを思うと心が痛む。故障さえなければ彼自身が選手として、この場にいたはずなのである。しかし彼は今の状況を見て吹っ切れたという。

自分の感情は、大事の前の小事にすぎないと思ったに違いない。吹きすさぶ雪の中、ジャンプ台に立つ彼は、たぶん無心であったと思う。そして飛んだ。注目も歓声もない着地……。それは日本選手団を救うK点越えの大飛翔だった。

実は、彼らには知らされていなかったが、一人の転倒者も出さず、リーダーが代表選手なみの大ジャンプをした場合のみ、競技再開を認めると、委員たちが事前に決めていたのだった。そんなことは知らない彼ら全員が恐怖心とプレッシャーに打ち勝ち、自分の役割を見事に果たしたのだ。

競技は再開され、結果、日本の空に高々と日の丸が上がり、金メダルを獲得したのだが、この劇的な大逆転の偉業は、裏方なしには成しえなかった。栄光の陰に、記録にも記憶にも残らない、だが人間の尊く美しい物語が人知れず生まれていたのだ。

人間の秘められた能力は、究極の困難から逃げず立ち向かう決心をしたときに発揮されるのではないかと思う。だれにも知られない、地道で不断の努力が、いざというとき開花することを、わたしたちに教えてくれる。

過去の出来事に、「.ｉｆ（もし）を語るな」、というが、もし、挫折感の中にいたリーダーがテストジャンパーを引き受けなかったなら、もし、彼らの心が一つでなかったなら、もし、最悪な天候でなかったなら、勝利の女神はほほえまず、また栄光もなかったろう。

わたしに感動を与えた陰の功労者たちの偉業の素晴らしさは、役割とはいえ、自分のためでなく、人のために全力を尽くすことの「誇り」にある。そして、その誇りは無心、無欲、心を一つにし、支え合い、信じ、信頼し合うことから生まれることを、わたしに再び思い起こさせてくれたのである。

聖書の引用は、日本聖書協会発行の『聖書　新共同訳』を使用させていただきました。

本書は、左記の季刊誌と週刊誌に掲載されたものを主に、書き下ろしを加えてまとめたものです。

① 季刊誌「カルメル」(男子跣足カルメル修道会発行)の、二〇一三年秋号から二〇一四年夏号の「修道院の窓から」と、二〇一四年秋号から二〇一八年春号の「風に吹かれて」から選び、加筆訂正したもの。

② 児童向け週刊誌「こじか」(オリエンス宗教研究所発行)の、保護者用連載「打ち砕こう、かたくなな心を」の20、38、69をもとに、「気前のいい主人」「〝救い〟とは?」「感覚の研ぎ澄まされた盲人」として加筆訂正したもの。

③ 書き下ろしは、「装うということ」「祈りについて」「洗礼と修道生活へのまねき」「子どもが危ない」の四編です。

あとがき

海沿いの道を走っているとちょうど日没の時間帯で水平線に日が沈むところだった。空の色が少しずつ変わってゆく様子をゆっくり見たくなったので、展望台に車をとめた。太陽に薄く雲がかかっていたがそれが散りはじめると美しい茜《あかね》色からピンク、オレンジ、ブルー、紫色のグラデーションが色を濃くしながら大空を覆い、まるでカラーチャートをパラパラめくるように刻一刻と変化し、さながら万華鏡の中に迷いこんだみたいだ。一日の終わりを迎える黄昏《たそがれ》にさえ慰めの時間を神は与えてくださるものなのだ。

人生の黄昏どき、わたしに出版の話がきた。心底驚いた。わたしにしてみれば一大事、身に過ぎること、「いつも目覚めていなさい」、イエスの言葉が胸をよぎる。すでに数年前になるだろうか。オリエンス宗教研究所が発行している「こじか」につたない文章を綴ってきたが、その後その経験から身内の「カルメル」誌に書くようになった。これらの「点」が「線」となり今回の出版に至る。

内容といえば、いろいろな出来事を自分の目と心をとおし、感じるままにつらつら書いたにすぎない。しかし、文章の一フレーズでもどなたかの心に触れたとしたら、イエスを伝える者として本望である。

これからも真理であるイエスという「杖一本のほか何も持たず」（マルコ6・8）、残りの旅路をその杖を支えに歩み続けようと思っている。

右も左もわからないわたしには、女子パウロ会単行本編集部の皆さんの的確なアドバイスと励ましがどれほど力になったか計り知れない。心より謝辞を述べたい。

そして何よりもこの本を賛美と感謝をこめて神に捧《ささ》げたい。

二〇一八年三月二十五日

原　造

【著者紹介】
原　造（はら　つくる）
1946年　群馬県桐生市生まれ。
1991年　男子跣足カルメル修道会入会。
1997年　荘厳誓願宣立。
現在に至る。

装丁／久保丈子

修道院の風

著　者　原　造
発行所　女子パウロ会
代表者　松岡陽子
〒107-0052 東京都港区赤坂8-12-42
Tel.(03)3479-3943 Fax.(03)3479-3944
webサイト http://www.pauline.or.jp
印刷所　株式会社工友会印刷所
初版発行　2018年5月10日

ISBN 978-4-7896-0794-0 C0016 NDC194 P128 19cm